Alphabet féerique.

ALPHABET
FÉERIQUE

ALPHABET RÉCRÉATIF

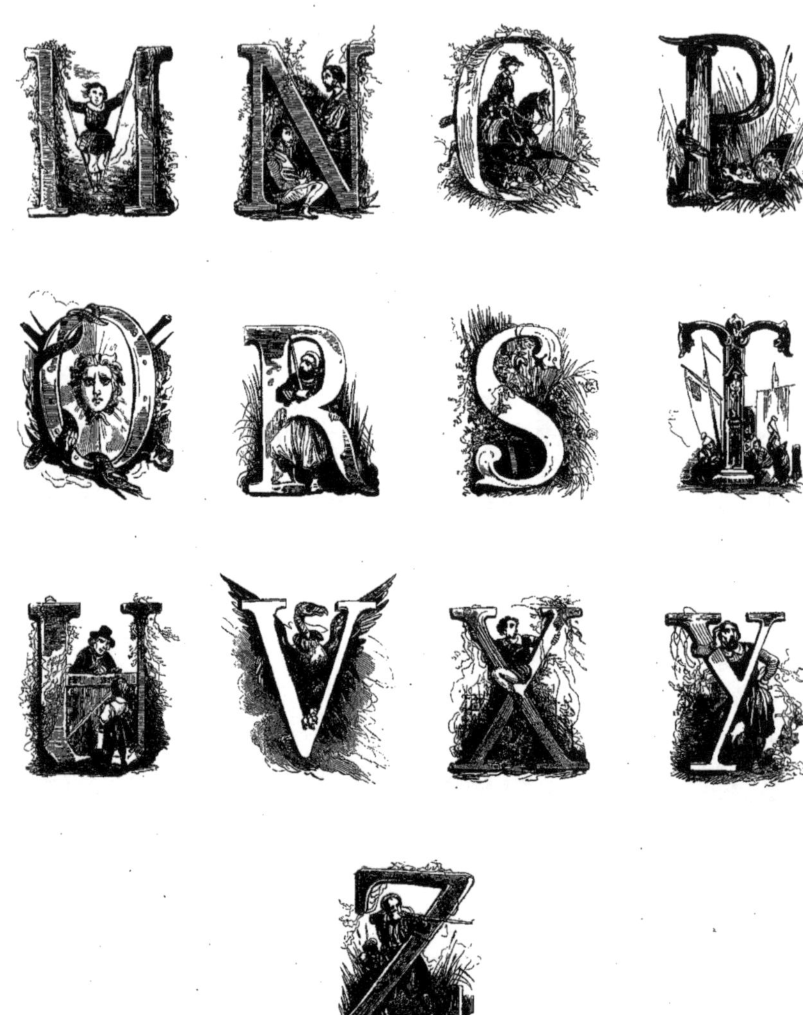

A B C D E

F G H I J

K L M N O

P Q R S T

U V X Y Z

Æ OE W

LETTRES ITALIQUES

MAJUSCULES

*A B C D E F G H I J
K L M N O P Q R S T
U V X Y Z*

MINUSCULES

*a b c d e f g h i j k l m n
o p q r s t u v x y z æ œ w*

LETTRES ROMAINES MAJUSCULES

A B C D E F G H I J
K L M N O P Q R S T
U V X Y Z Æ Œ W

LETTRES MINUSCULES

a b c d e f g h i j k l m n
o p q r s t u v x y z æ œ w

LETTRES CONSONNES

b   c   d   f   g   h   j   k   l   m
n   p   q   r   s   t   v   w   x   z

LETTRES VOYELLES

a   e   i   o   u   y

---

a, â; e, é; è, ê; i, î; o, ô; u, û; au;
eu; ou; an; ai; ain; en; ein; in; on; un.

SIGNES D'ACCENTUATION

L'apostrophe   ’

L'accent aigu   ′

L'accent grave   ＼

L'accent circonflexe   ^

La cédille   ç

SIGNES DE PONCTUATION

La virgule	**,**
Le point et virgule	**;**
Les deux points	**:**
Le point d'exclamation ou d'admiration	**!**
Le point d'interrogation ou de doute	**?**
Le trait d'union ou tiret	**—**
La parenthèse	**( )**

CHIFFRES ROMAINS

I   II   III   IV   V   VI   VII   VIII

un,   deux,   trois,   quatre,   cinq,   six,   sept,   huit,

IX   X   C   D   M   M̄

neuf,   dix,   cent,   cinq cents,   mille,   dix mille.

CHIFFRES DITS ARABES

1 2 3 4 5 6 7 8 9 0

un, deux, trois, quatre, cinq, six, sept, huit, neuf, zéro.

SYLLABES

ba	be	bi	bo	bu		ma	me	mi	mo	mu
ca	ce	ci	co	cu		na	ne	ni	no	nu
da	de	di	do	du		pa	pe	pi	po	pu
fa	fe	fi	fo	fu		qua	que	qui	quo	qu
ga	ge	gi	go	gu		ra	re	ri	ro	ru
ha	he	hi	hi	hu		sa	se	si	so	su
ja	je	ji	jo	ju		ta	te	ti	to	tu
ka	ke	ki	ko	ku		va	ve	vi	vo	vu
la	le	li	lo	lu		xa	xe	xi	xo	xu
			za	ze	zi	zo	zu			

MOTS DE DEUX SYLLABES

a bri	ha chis	o bas	voi sin
bon bon	im pôt	pa pa	vo lant
ca non	jou jou	qua tre	xys te
din de	ki lo	ro se	yo le
es poir	la cet	se rin	zè bre
fa ble	ma man	tou pie	
gâ teau	na cre	u ne	

MOTS DE TROIS SYLLABES

a bri cot	fa bri que	ka mi chi	pan tou fle
ba var de	ga let te	lé gen de	qua li té
ca ba ne	ha bi tant	ma ro quin	ré col te
dra gon ne	i ma ge	na cel le	se mai ne
é tren nes	ja lou sie	o cé an	tu li pe

MOTS DE QUATRE SYLLABES

au bé pi ne	fé li ci té	ki lo li tre
bel vé dè re	gi be lot te	la bou ra ge
ca ma ra de	hi ron del le	mar me la de
dé co ra teur	in no cen ce	né gli gen ce
é cu moi re	jar di na ge	o me let te

MOTS DE CINQ ET DE SIX SYLLABES

é cha fau da ge	dé sin té res se ment
o bé is san ce	frau du leu se ment
fa vo ra ble ment	ka lé ï dos co pe
in dé pen dan ce	qua li fi ca ti ve
gé né reu se ment	vrai sem bla ble ment
his to ri et te	o do ri fé ran te

ATLANT

N puissant roi de Tartarie, étant un jour à la chasse, s'égara loin de sa suite. Ce roi arriva au pied d'une haute montagne de cristal. D'abord ébloui de l'éclat qui était répandu de tous côtés, il n'aperçut pas un magnifique palais d'acier poli qui la couronnait.

Comme il était harassé de fatigue, il s'avança vers le palais, espérant y recevoir l'hospitalité, mais hélas! il n'eut pas plutôt passé le seuil de la porte qu'il fut fait prisonnier par l'enchanteur Atlant, possesseur de ce château.

La cour du roi de Tartarie fut plongée dans la douleur lorsqu'elle s'aperçut que le roi avait disparu. Sa fille Isaure implora sa marraine la fée des Lilas pour qu'elle délivrât son père. Cette bonne fée, touchée de ses prières, lui mit au doigt un anneau qui avait le pouvoir de détruire les enchantements. Cette courageuse princesse partit seule pour délivrer son père. Lorsqu'elle fut près d'arriver au château, le ciel s'obscurcit et Isaure vit apparaître un monstre dans les airs. C'était l'enchanteur Atlant monté sur son coursier. Cet animal avait la tête d'un aigle, le corps d'un cheval, les pattes armées de griffes tranchantes, et à ses épaules étaient attachées des ailes. L'enchanteur se précipita vers la princesse, espérant la faire prisonnière; mais Isaure ayant présenté son anneau, Atlant et son cheval s'enfuirent épouvantés.

Les murs du château tombèrent, et le roi de Tartarie fut délivré.

FÉE BERLINGUETTE

ANS une misérable chaumière d'Irlande vivait une pauvre paysanne appelée Lucy. Un soir qu'elle était dans les champs elle avait secouru un petit oiseau presque étouffé par un vilain chat noir. Le pauvre oiseau revenu à la vie se changea en une belle dame vêtue de gaze d'argent avec des plumes de toutes les couleurs dans ses beaux cheveux blonds. Regardant la paysanne, cette dame lui dit : Je suis la fée Berlinguette, et pour te récompenser je te promets que ta fille possédera toutes les richesses du monde. A ces mots Berlinguette frappa la terre de sa baguette, et aussitôt parut un char resplendissant comme le soleil ; deux colombes blanches le traînaient. La fée monta dedans et disparut aux yeux étonnés de Lucy. Quelques années plus tard, le prince Amorkan demanda en mariage la fille de la pauvre paysanne. Ce prince était si riche, si riche, que pendant plusieurs jours des chameaux et des éléphants couverts de velours cramoisi et or défilèrent devant la cabane de Lucy. Ces animaux portaient tous des présents magnifiques pour la jeune mariée.

LA

FÉE CARABOSSE

ARABOSSE était une petite fée pas plus haute qu'une table, bossue par devant et par derrière, avec une grosse tête, dont le nez et le menton se rejoignaient presque. Tous les enfants en avaient grand'peur, car on la disait très-méchante. Cependant Carabosse ne l'était pas pour les enfants charitables et elle les protégeait toujours. Aussi, un soir que Maurice et Aglaé se chauffaient auprès du feu, ils entendirent un grand bruit dans la cheminée et furent bien effrayés quand ils en virent sortir la fée Carabosse. Cette petite vieille leur dit : N'ayez pas peur, vous avez été bons en donnant votre souper à un pauvre homme qui avait faim, je veux vous en récompenser. En finissant ces mots, elle leur présenta une jolie corbeille de satin rose, brodée d'argent, qui était toute remplie de gâteaux, de beaux fruits et de joujoux de toute espèce.

DJINN

OU LE GÉNIE DU MAL

N roi et une reine de Perse avaient une charmante fille, qu'on avait appelée Blondinette, pour répondre à la couleur de ses cheveux. Un matin que Blondinette était couchée dans un lit bleu de ciel brodé de perles, un Djinn ou génie du mal, qui voyageait dans un char attelé de deux dragons de feu, l'ayant aperçue, en devint amoureux et enleva la pauvre princesse. Ce méchant Djinn voulait faire sa femme de Blondinette. La princesse recula d'horreur en voyant ce hideux géant, aux cheveux hérissés surmontés de grandes cornes et qui avait une longue queue pendant jusqu'aux talons. Le génie lui dit qu'il fallait qu'elle devînt sa femme. A ces mots Blondinette poussa des cris aigus. La fée des Roses, qui dans ce moment volait au-dessus du palais de l'enchanteur, accourut pour délivrer la princesse. Le Djinn, en voyant la fée, se précipita sur elle, mais celle-ci se changea en un lion de feu. Le géant prit la forme d'un grand sabre, espérant partager son ennemie en deux. La fée alors devint une fontaine et le géant une nuée de feu; mais comme il s'approchait de l'eau pour la tarir, il ne rencontra plus qu'un rocher. Aussitôt il reprit sa forme, et armé d'une énorme massue, il chercha à ébranler le rocher ; mais la fée parut en aigle, et, ayant crevé les yeux au géant, elle le fit prisonnier. Ainsi fut délivrée Blondinette.

LES ELFES

A pauvre petite Yvonne était bien malheureuse ; son frère avait été emmené en esclavage par un Géant, et, depuis ce moment, l'infortunée petite fille pleurait nuit et jour. Yvonne avait entendu raconter aux veillées que les personnes qui avaient le bonheur de trouver le soulier d'une Elfe, pouvaient tout exiger de cette fée. Préoccupée de cette idée, l'enfant y songeait une nuit que, ne pouvant dormir, elle avait ouvert sa fenêtre, et ses yeux découvrirent de petits êtres qui dansaient sur l'herbe. Ils étaient hauts d'un pouce, vêtus de robes tissées avec les rayons de la lune, coiffés d'un bonnet brodé de perles, de rubis, d'émeraudes et surmonté d'une clochette de diamant. Leurs petits pieds étaient chaussés de mignons souliers de verre. Ces jolies fées dansaient en rond autour de leurs moutons bleus. Yvonne, toute surprise, les regardait avec étonnement, lorsque, le jour étant arrivé, elle vit disparaître toutes les Elfes qui allèrent dormir dans le cœur des fleurs. La petite fille courut aussitôt dans la prairie et, parmi les herbes, elle fut assez heureuse pour trouver le soulier d'une des Elfes. Yvonne promit à la fée de lui rendre son soulier, si elle délivrait son frère. Quelque temps après la petite fille eut le bonheur d'embrasser son frère que l'Elfe lui ramenait.

LE FARFADET

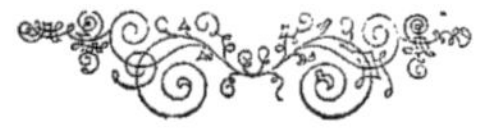

AUL était un méchant petit garçon qui faisait toujours du mal aux animaux. Son papa le grondait souvent et lui disait qu'il serait puni de sa méchanceté ; mais ce vilain garçon ne voulait écouter personne. Un soir, un joli petit chien blanc vint dans la cabane de Paul, qui ne l'eut pas plutôt vu, qu'il ramassa une pierre pour jeter au chien. Le gracieux animal prend la fuite, Paul le suit, mais l'enfant est arrêté par une brillante lumière qui se met à marcher devant lui ; le petit garçon, surpris et ne sachant pas que c'était un Farfadet, espèce de génie très-malin, se met à courir espérant l'attraper ; mais le Farfadet se rit de ses efforts, entraîne le méchant Paul dans un marais et le fait tomber dans l'eau. Le pauvre Paul se met à crier, et le petit chien blanc, oubliant la méchanceté de l'enfant, vient à son secours et le tire de l'eau. Louis fut bien honteux de sa mauvaise action et bien reconnaissant envers son sauveur. Depuis ce jour-là, il fut toujours humain à l'égard des animaux.

LE GNOME

Ans une sombre forêt travaillait un pauvre bûcheron. Cet homme maudissait la fortune qui le condamnait à faire des fagots, lui rapportant à peine de quoi nourrir sa famille. Découragé le bûcheron s'assit sur un tronc d'arbre. Il fut dérangé de ses réflexions par des cris perçants. Aussitôt ému de pitié il se lève et court vers la personne qui appelle au secours. En arrivant il aperçoit un Gnome qui était pris dans des filets. Le bûcheron s'empresse de délivrer ce génie. Le Gnome reconnaissant promet au bûcheron une grande fortune et lui dit d'aller chercher son âne pour emporter de l'or : lorsque le paysan revint, le Gnome frappa la terre du pied: Alors apparut un escalier que tous les deux descendirent. Le bûcheron fut ébloui en voyant une grotte dont les murs étaient d'argent massif et qui était toute remplie d'or. Le génie permit au paysan de faire trois voyages à la grotte et de prendre toutes les richesses qu'il pourrait emporter. Immédiatement celui-ci charge son âne et revient encore deux fois au souterrain ; mais cet homme insatiable voulut y revenir une quatrième fois. Il pensait que le Gnome l'ignorerait. En revenant de ce quatrième voyage le bûcheron voulut compter sa fortune ; mais le Gnome le punit de lui avoir désobéi, et l'avare ne trouva plus que de la terre à la place de l'or.

LA FÉE HABILE

E chemin de Samakande était gardé par un Géant à sept têtes. Ce monstre s'emparait de tous les voyageurs en leur demandant sous peine de la vie de lui donner : un cheval enchanté volant dans les airs; un grain de blé dans lequel serait renfermé une pièce de mousseline des Indes, et enfin un nain tout armé qui serait si petit qu'il pourrait tenir dans une coque d'œuf. Aucun des voyageurs n'avait pu remplir ces conditions, et ils avaient tous été mis à mort. Le chevalier Aventureux ayant demandé un an au Géant pour se procurer les trois merveilles qu'il exigeait, le Géant le laissa partir. Chemin faisant, il rencontra une petite femme si vieille, si vieille, qu'elle semblait n'avoir que le souffle. Cette vieille demanda à Aventureux où il allait. Le chevalier lui répondit qu'il était bien malheureux, qu'il retournait vers le Géant, n'ayant pu se procurer aucun des objets qui lui avaient été commandés, et qu'il allait être mis à mort. La vieille sourit, et lui donna un petit sac, pas plus grand que la main, en lui disant de l'ouvrir lorsqu'il serait arrivé devant le Géant. Aventureux, qui ignorait que cette vieille était la fée Habile, n'avait pas grande confiance en son présent. Cependant il fit ce qu'elle lui avait ordonné, et du petit sac sortirent toutes les merveilles demandées. Pendant que le Géant les admirait, le nain sauta sur ses épaules, lui coupa ses sept têtes, et délivra le monde de cet horrible monstre.

LE GÉNIE IBRAM

RMA était une petite fille si curieuse, que malgré la défense de sa mère, elle sortait toujours seule dans la campagne. Un jour qu'elle se promenait dans une forêt, elle se perdit. Après avoir fait beaucoup de chemin, elle arriva près d'une caverne et aperçut un ogre qui lui dit : « Bien, bien, je suis content, je te mangerai à mon déjeuner. » Irma eut beau pleurer, l'ogre la mit dans son sac et l'emporta dans son château. Irma fut enfermée dans une chambre en marbre rouge, incrusté de pointes d'acier. Les colonnes qui supportaient le plafond étaient de jaspe et de porphyre. Tous les meubles étaient de drap d'argent. La pauvre petite chercha de tous côtés pour découvrir une porte et pouvoir se sauver; mais il n'y en avait pas. Cependant elle vit un anneau de perle, elle le tira et aussitôt apparut un génie haut comme une tour, avec des ailes d'aigle et une figure de lion. « Que veux-tu de moi? commande, et je t'obéirai. » La pauvre Irma ne pouvait parler, tant sa frayeur était grande, mais elle fit signe qu'elle voulait partir. Le génie Ibram fit venir un mouton rose qui prit Irma sur son dos et la ramena à sa mère.

LA FÉE JOLIETTE

URORE devait épouser le prince Julien et de grandes fêtes avaient été ordonnées pour ce beau jour. Le matin du mariage le prince fut averti que la nourrice de sa chère princesse demandait à lui parler. Aussitôt il la fit introduire. Julien fut bien affligé lorsque la nourrice, s'étant jetée à ses pieds, lui apprit que le nain Schaïbar avait enlevé Aurore. A cette nouvelle le prince au désespoir se jeta par terre en s'arrachant les cheveux. Dans ce moment le plafond se fendit et sur un nuage on vit la fée Joliette, marraine du prince. « Ne pleure pas, lui dit-elle, je t'apporte trois talismans qui délivreront Aurore. Prends cette boule blanche, ce flacon et cette baguette. Monte à cheval, jette la boule et suis-la. » Julien fait ce que la fée lui ordonne. Il fait rouler la boule, qui ne s'arrêta que devant un palais de cristal, dans lequel Aurore était captive. A peine Julien fut-il arrivé que le tonnerre se fit entendre et il vit venir à lui le nain Schaïbar. Ce dernier était haut d'un pied et demi et portait sur son épaule une barre de fer pesant cinq cents livres. Le nain s'avance pour tuer le prince, mais celui-ci ne perd pas de temps et, lui jetant au visage l'eau du flacon, il le force à rentrer sous terre. S'approchant alors du palais, il en frappe les murs avec la baguette de la fée Joliette, et la belle Aurore est délivrée.

LA FÉE KORIDGWEN

Tout était en joie chez le haut et puissant duc de Kerkovalec, riche prince de Bretagne. Un fils venait de naître, et dans sa joie le seigneur avait convoqué toutes les fées et les génies du pays. Tour à tour ces puissants enchanteurs vinrent près du berceau du petit prince. Les uns lui souhaitèrent d'être puissant, beau et riche. Les fées le douèrent de toutes les vertus. Une d'elles, cependant, avait été oubliée, c'était Koridgwen, reine des Korrigans, fées malfaisantes de la Bretagne. Cette méchante personne résolut de se venger de l'affront qu'on lui avait fait. Elle s'approche du berceau du prince, le prend et met un nain à sa place. Malgré tous les soins de la nourrice le prince ne grandissait pas. Il était méchant, égratignait et mordait tout le monde. Le duc de Kerkovalec au désespoir alla consulter un enchanteur, qui lui dit que la nourrice fît semblant de faire à dîner dans une coque d'œuf et que si le petit prince manifestait de l'étonnement, ce serait la preuve que son fils avait été changé et qu'un nain avait été mis à sa place. La nourrice fit ce que l'enchanteur avait conseillé. L'enfant étonné demanda : « Que faites-vous là, nourrice ? » A cette marque de surprise, la nourrice, reconnaissant que c'était un nain, le prit et se mit à le fouetter jusqu'au sang. Aux cris de l'enfant la fée Koridgwen accourut, reprit le nain et remit le petit prince à sa place.

LE LUTIN

ɴ roi venait de s'emparer du royaume de son frère. Il voulait le mettre à mort; mais étant très-avare il promit au prince Assard, fils du roi détrôné, de lui accorder la vie de son père, s'il lui rapportait l'eau d'or, l'oiseau qui parle et la coupe enchantée du roi Janshid. Assard était bien embarrassé pour accomplir ces travaux. Il se souvint pourtant d'un anneau qui lui avait été donné par un Lutin. Il le frotta et aussitôt le petit génie apparut. Assard conte sa peine au Lutin. Celui-ci, touché de sa douleur, lui donne un arc d'or avec une flèche de diamant et lui dit : « Lorsque tu seras arrivé dans une grande plaine, dont toutes les fleurs seront hautes comme des tours, tu mettras pied à terre, tu prendras ton arc et tu tireras ta flèche. A l'endroit où elle tombera, tu verras une pierre qui couvre un escalier, ôte la pierre et descends sans crainte en tenant toujours ta flèche à la main. » Le prince fit comme le Lutin le lui avait dit. Il descendit plusieurs centaines de marches et se trouva au milieu des entrailles de la terre. Il vit l'eau d'or qui tombait dans un bassin de cristal de roche, la coupe enchantée et l'oiseau qui parle. Assard s'en empara et revint vers son oncle. Ce vilain monarque fut charmé de posséder tous ces trésors, mais il refusa au prince la grâce de son père. Alors le Lutin parut, et pour punir ce méchant homme il l'emmena et le força à le servir comme un esclave.

LA FÉE MÉLUSINE

ÉLUSINE et ses deux sœurs résolurent de détrôner leur père. Elles l'enfermèrent dans une montagne. Leur mère, la célèbre enchanteresse Pessine, leur infligea divers châtiments. Mélusine fut condamnée à être tous les samedis moitié femme moitié serpent. Cependant elle pouvait redevenir entièrement femme si elle trouvait un homme qui consentît à l'épouser sans jamais la voir le samedi. Un jour que la fée Mélusine, habillée d'une robe couleur des prairies, semée de fleurs faites des rayons du soleil, et la tête couronnée d'étoiles, se promenait dans un délicieux bois, elle fut aperçue par le chevalier Raymondin qui en devint amoureux. Raymondin épousa bientôt Mélusine. Cette fée se bâtit un palais dont les murs étaient d'or, les portes d'argent, les croisées de rubis et les parquets de marbre rose. La fée et le chevalier vivaient heureux depuis longtemps, mais Raymondin était curieux. Un samedi il voulut voir ce que sa femme faisait. Il prend son épée, fait un trou dans le mur et voit une femme avec une queue de serpent de trente pieds de long. Raymondin, étonné, laisse tomber son épée. A ce bruit le serpent se retourne et montre les traits de Mélusine. La fée au désespoir s'enfuit par la fenêtre en poussant de si grands cris que depuis ce temps on dit : *pousser des cris de Mélusine.*

LES NAINS

ɪᴇɴ n'est plus vilain que les enfants avares, ils sont toujours punis. Nous allons vous raconter à ce sujet une histoire qui arriva à Charles et à Henriette. Ces deux enfants étaient si avares qu'ils ne voulaient jamais faire l'aumône à un pauvre. Ils vivaient du temps des fées. Un jour qu'ils gardaient leurs vaches, ils maltraitèrent un vieillard qui leur demandait une pièce de monnaie pour avoir du pain. Ils furent bien punis de leur méchanceté, car aussitôt ils furent entourés par de petits hommes tout noirs, velus, hideux avec des mains armées de griffes de chat et des pieds de bouc. Leurs cheveux étaient crépus, et leurs yeux renfoncés et petits lançaient des éclairs. Ces diables étaient des Nains. Ils se mirent à danser autour de Charles et d'Henriette, qui se mouraient de peur et cherchaient à se sauver, mais les Nains les retenaient prisonniers. Ces petits monstres leur donnèrent des bourses remplies de belles pièces d'or et se sauvèrent. Charles et Henriette ouvrirent bien vite les bourses; mais ils ne trouvèrent plus, à la place des belles pièces, que des crins sales, des herbes sèches et une vieille paire de ciseaux cassée.

LES ONDINES

ANS un pays lointain vivait le prince Orgueilleux, il était si vain de sa beauté, qu'il passait des journées entières à s'admirer. Pour le corriger de ce vilain défaut, son père l'envoya à l'armée. Orgueilleux fut bien mécontent, et, ne voulant pas se battre, il quitta l'armée pour revenir dans son château. Ce prince perdit son chemin et s'arrêta au bord d'une rivière pour s'admirer dans les eaux. La fée de cette source, nommée Ondine, résolut de le faire prisonnier. Elle se mit à chanter d'une voix si mélodieuse que le prince, attiré par ce charme, se jeta dans l'eau. Arrivé au fond de la rivière, Orgueilleux fut bien surpris de voir une belle ville et des arbres d'un bleu foncé ou rouge comme du feu. Les fruits brillaient comme de l'or, et les fleurs agitant leur tige ressemblaient à de petites flammes. En marchant il découvrit le palais de la reine des Ondines. Les murs sont faits de corail, les fenêtres de bel ambre jaune et les toits de coquillages et de nacre. Chacun de ces coquillages renferme une perle grosse comme une noix. Pendant que le prince admirait toutes ces merveilles, une Ondine l'entraîna dans une grotte profonde où il fut enfermé pour servir de pâture aux poissons.

LA PÉRI

’UNE des étoiles du ciel descend une Péri, ange gardien dont les ailes blanches, plus transparentes que le fil de la Vierge, la supportent au-dessus de la terre. La Péri s’approche du berceau d’un bel enfant endormi ; sa mère, agenouillée près de lui, priait et pleurait. Le père de l’enfant venait d’être tué et la mère allait être emmenée en esclavage. La Péri, touchée des larmes de la tendre mère, prend l’enfant et le transporte dans un pays dont l’air est embaumé. Là l’Océan s’étend sur le corail et l’ambre, les montagnes sont semées de diamants, les ruisseaux roulent des paillettes d’or, et les forêts de citronniers répandent au loin leur doux parfum. La Péri apprit à l’enfant à être bon et humain et à respecter l’Éternel. Plus tard il devint un grand et puissant roi ; quoique vêtu de pourpre et d’or, il fut toujours modeste. Lorsqu’il retrouva sa bonne mère, il lui fit partager ses richesses et ses honneurs et il fut toujours heureux du bonheur qu’il lui donna.

LA FÉE QUINTEUSE

RACIEUSE était une princesse bien malheureuse, son père allait se marier avec la méchante fée Quinteuse. Après son mariage, Quinteuse, voulant se débarrasser d'elle, la fit venir et lui montrant une chambre remplie de plumes de toutes les couleurs, elle lui ordonna de mettre les plumes roses avec les roses, les bleues avec les bleues, etc. La fée Quinteuse prévint la princesse qu'elle ne mangerait pas jusqu'à ce qu'elle eût terminé sa tâche. La pauvre Gracieuse, désespérant de réussir, se mit à pleurer. Elle entendit bientôt une petite voix qui lui disait : « Ne pleurez pas, charmante princesse, je vais faire votre ouvrage. » Gracieuse surprise regarde et voit un petit chat blanc avec les oreilles et les pattes vertes. Ce petit chat s'approche des plumes et aussitôt celles-ci se trouvèrent toutes séparées. Gracieuse remercia beaucoup le petit chat, qui disparut par la cheminée. La fée Quinteuse fut bien en colère, et voulant à toute force faire mourir Gracieuse, elle la fit conduire dans une forêt pour être dévorée par les bêtes féroces. Gracieuse se mit à implorer le joli chat et aussitôt la forêt se trouva illuminée, un chariot d'or attelé de deux biches et conduit par le chat parut devant elle. La princesse monta dedans, et avec la rapidité d'un éclair, elle arriva devant un château qui avait l'éclat du soleil levant. Le chat blanc, qui était un célèbre génie, se changea en un beau prince qui épousa Gracieuse.

LA FÉE RAINETTE

N venait d'annoncer un grand tournoi dans l'empire français. L'empereur Charlemagne avait promis la main de la princesse Isabelle à celui des chevaliers qui sortirait vainqueur de la lutte. A cette nouvelle de toutes les parties de l'empire les seigneurs se préparent, espérant obtenir le prix. Un jeune paysan appelé Walter, voyant passer tant de grands seigneurs, se désolait de ne pouvoir prendre part à ce combat. Au milieu de son désespoir il vit une petite grenouille couchée sur l'herbe. La pauvre bête semblait près de mourir. Le jeune homme la prit et la porta soigneusement à une mare qui était à côté. La grenouille ne fut pas plutôt dans l'eau qu'elle se changea en une belle dame habillée de velours vert. « Tu m'as sauvé la vie, dit-elle à Walter. Que désires-tu? parle, je te l'accorderai. Tout est possible à la fée Rainette. » Walter lui demanda de pouvoir figurer au tournoi. Aussitôt la fée frappe la terre de sa baguette et il en sort un cheval noir comme du jais, dont la selle était de drap d'or. Un petit génie apporte à Walter une armure de nacre et un casque surmonté d'une aigrette de diamants et de saphirs. Lorsque Walter fut équipé, la fée Rainette lui présenta une lance d'or qui devait renverser tous ses adversaires. Walter remercia sa bienfaitrice et partit. Arrivé à la cour de Charlemagne, il fut victorieux de tous les chevaliers et obtint la charmante Isabelle.

LES SYLPHES

ALGRÉ la défense de leur mère, qui leur avait bien recommandé de ne pas s'éloigner, Zerbin et Fleurette, par un beau clair de lune, allèrent se promener dans une sombre forêt où ils s'égarèrent sans s'en apercevoir. Pendant qu'ils jouaient tous deux, ils entendirent un bruit effrayant et furent glacés de terreur en voyant venir un géant d'une hauteur prodigieuse; il portait à la main une énorme massue d'acier avec laquelle il fendait les montagnes, et ses yeux, semblables à des brasiers ardents, lançaient des éclairs. Ce géant se nommait Grafinoüs; il leur dit qu'il allait les emmener avec lui. Ces pauvres enfants se jetèrent à ses pieds en pleurant, mais ce vilain monstre resta insensible à leurs larmes et dit en riant qu'il en ferait un bon souper. Comme Grafinoüs les emportait, Zerbin aperçut un joli sylphe avec des ailes d'azur, de beaux cheveux blonds couronnés de diamants et une robe blanche parsemée d'étoiles d'argent, qui, souriant à l'enfant, lui fit signe de ne pas avoir peur. Aussitôt le sylphe, prenant un petit sifflet d'or, fit retentir la forêt d'une musique ravissante. A ces accents enchanteurs une troupe d'autres sylphes, les uns aux ailes d'or, les autres aux ailes couleur de rose, s'élancèrent vers le géant, l'entourèrent et délivrèrent Zerbin et Fleurette, qui, bien heureux d'avoir échappé à un si grand danger, rentrèrent chez leurs parents et depuis furent très-obéissants.

LA FÉE TITANIA

ITANIA est, de toutes les fées, la plus ravissante ; née du souffle de l'air, elle en a la légèreté. Sa beauté égale celle des astres. Elle commande en souveraine à tous les sylphes, car elle est leur reine. Les fées qui la servent sont couvertes d'ambre et d'or et coiffées de perles. Malgré son pouvoir, Titania était malheureuse. Son époux, le célèbre génie Obéron, voulait qu'elle se séparât d'un nain, jeune enfant volé à un roi des Indes. Titania aimait ce nain comme son fils. De là vinrent de si grandes querelles que les sylphes effrayés coururent se cacher dans les épis de blé. Obéron, pour se venger de la reine, ordonna au lutin Puck de chercher une fleur magique dont le suc, exprimé sur les yeux de la reine, la forcerait à aimer tout ce qu'elle verrait. Le lutin s'acquitta de sa mission et Titania devint éprise d'un homme qui avait une tête d'âne. La reine n'aimait plus son nain et elle le donna à son époux. Les quatre favorites de Titania nommées Fleur des pois, Mite, Graine de moutarde et Toile d'araignée vinrent supplier Obéron de faire cesser l'aveuglement de la reine. Le génie y consentit ; Titania redevint heureuse comme par le passé, et tous les sylphes, rassurés, sortirent de leur retraite et vinrent orner sa cour.

LA FÉE URGÈLE

IERRE avait été envoyé chez sa tante pour lui porter un bouquet. En chemin il vit un petit agneau qui était si fatigué qu'il ne pouvait plus marcher. Pierre en eut pitié et l'emporta dans ses bras. Au détour d'un bois il rencontra un gros lion qui lui dit : « Donne-moi ton agneau que je le mange. — Non, non, répond le petit garçon, il ne t'a pas fait de mal, laisse-le. — Alors reprit le lion, donne-moi une fleur de ton bouquet. » Pierre y consentit. Quelques pas plus loin l'enfant rencontra un gros tigre, même demande et même réponse furent faites. Tout le long du chemin Pierre vit des bêtes féroces et de gros serpents ; aussi lorsque le pauvre petit arriva chez sa tante, il n'avait plus que deux fleurs. Sa tante, qui était très-méchante, en apprenant qu'il avait donné toutes les fleurs, en fut si colère qu'elle voulut tuer l'agneau. Dans ce moment l'agneau devint une belle dame habillée de velours rouge et or. Pierre et sa tante furent bien surpris lorsque cette dame leur dit à tous deux : « Je suis la fée Urgèle, je m'étais changée en agneau pour éprouver la bonté de votre cœur. Vous avez été une méchante femme et je vous condamne à devenir un vilain crapaud. Quant à toi, dit la fée Urgèle à Pierre, je te donne ce petit chien : toutes les fois que tu désireras quelque chose, il secouera sa tête et tu l'auras aussitôt. » En finissant ces mots la fée disparut sur un char traîné par de beaux papillons.

LA FÉE VIVIANE

ANCELOT du Lac était un chevalier de la cour du roi Arthus. Il quitta l'Angleterre pour aller combattre un dragon qui désolait la Grèce. Chaque jour ce monstre dévorait une jeune fille ou un jeune garçon. Le courage de Lancelot ne lui aurait pas suffi, ce monstre étant un magicien : aussi le chevalier alla-t-il vers la puissante fée Viviane lui demander ses conseils. Viviane lui donna un bouclier d'argent qui devait éblouir ce monstre. Lancelot n'eut pas plutôt tué ce magicien qu'il vit devant lui un Géant qui venait lui demander compte de la mort de son frère. Le chevalier tira son épée, et sans penser au bouclier il se mit à combattre ce Géant. D'abord il lui abattit un bras et une jambe; mais le bras et la jambe vinrent retrouver le corps et s'y rattacher. Lancelot étonné recommença le combat. Il coupa la tête au Géant, mais celui-ci courut après sa tête et la remit à sa place. Lancelot impatienté lui présenta le bouclier, et le Géant tomba mort. La fée Viviane, étant devenue amoureuse du chevalier, le transporta dans son palais d'émeraude et l'épousa.

LES WILLIS

ALARINE, reine de Golconde, s'était remariée; le roi qu'elle avait épousé, jaloux de la tendresse qu'elle avait pour le fils de son premier mari, donna ordre à un de ses serviteurs de mettre à mort le petit prince, nommé Topaze. Ce serviteur plus humain que son maître se contenta d'abandonner le petit Topaze. Il fut posé endormi sur le bord d'une prairie émaillée de superbes fleurs. Aussitôt que le serviteur se fut éloigné, les fleurs se penchèrent vers l'enfant, et chacune d'elles en s'ouvrant laissa voir une fée plus belle que l'Aurore. Les Willis, c'est ainsi que ces fées se nomment, regardèrent le jeune prince et l'une d'elles, plus majestueuse que les autres, s'étant approchée, dit qu'elle adoptait le petit Topaze. Elle commanda aux Willis de transporter le prince dans son palais. Les Willis se réunissant prirent l'enfant sur leurs ailes aux couleurs de l'arc-en-ciel, et doucement l'apportèrent au palais des fleurs, ainsi nommé parce que les murs sont formés de roses, de jacinthes, d'œillets, de jasmin, enfin de toutes les fleurs de la création. Topaze devint plus tard le roi et le génie des Willis.

LA MAGICIENNE XANTINA

ENDER, roi de Perse, étant allé demander en mariage la princesse Gulnare, fille d'un puissant empereur de la Chine, fut si mal accueilli qu'il jura de se venger. Bender revint avec une nombreuse armée pour détrôner l'empereur; mais Gulnare, qui était une célèbre magicienne, le changea en un oiseau blanc. Le pauvre Bender sous sa nouvelle forme eut à courir une foule d'aventures où il faillit perdre la vie. Un jour il fut poursuivi par les oiseaux de proie et n'échappa à la mort qu'en abandonnant quelques-unes de ses belles plumes. Une autre fois, mourant de faim, il fut obligé de se réfugier dans une chaumière où de méchants enfants en firent leur jouet. Quelque temps après, le pauvre prince fut pris par un oiseleur qui l'apporta à la reine Xantina. Cette princesse en le voyant reconnut que c'était un prince métamorphosé, et comme elle était une puissante magicienne et douée d'un très-bon cœur, elle résolut de lui rendre sa première forme. A cet effet, la reine Xantina prit une pincée d'une poudre jaune qu'elle jeta sur le parquet. La poudre se changea en un ruisseau d'une eau claire et transparente. Xantina prit de cette eau, et la jetant sur l'oiseau, elle lui ordonna de reprendre sa première forme. L'enchantement s'accomplit et Bender redevint un beau prince qui épousa la reine Xantina. Cette princesse le fit renoncer à se venger de l'empereur de la Chine.